Sopro Novo Yamaha

Aprendendo a ler música

Cristal A. Velloso

Nº Cat.: 415-M

Irmãos Vitale Editores Ltda.
www.vitale.com.br
Rua Raposo Tavares, 85 Jardim das Acácias São Paulo SP
CEP: 04704-110 Tel.: 11 5081-9499 Fax: 11 5574-7388

© Copyright 2011 by Irmãos Vitale Editores Ltda. - São Paulo - Rio de Janeiro - Brasil.
Todos os direitos autorais reservados para todos os países. *All rights reserved.*

CIP Brasil. Catalogação na fonte
Sindicato Nacional dos Editores de Livros, RJ

V552s

Velloso, Cristal A. (Cristal Angélica)
    Sopro Novo Yamaha : Aprendendo a ler música / Cristal A. Velloso. — São Paulo : Editora Irmãos Vitale, 2011.
    64p.

    ISBN 978-85-7407-348-4

    1. Flauta doce – Instrução e estudo. I. Título

11- 7903   CDD–788.53
                                                                                                   CDU–788.52

22.11.11   01.12.11   031594

Créditos

Coordenação do Projeto Sopro Novo Yamaha	Cristal Angélica Velloso
Coordenação editorial	Claudio Hodnik e Roberto Votta
Projeto gráfico e digitalização de partituras	Wiliam Kobata
Ilustrações	Aparecida Velo
Revisão	Claudio Hodnik e Wiliam Kobata
Produção executiva	Takashi Fujita (presidente – Yamaha Musical do Brasil), Kenichi Hiwasa (gerente de marketing – Yamaha Musical do Brasil), Fernando Vitale (diretor editorial – Irmãos Vitale)
Gravação do CD	Estúdio Jaburu
Edição, mixagem e masterização	Duda Marsola
Arranjos	Claudio Hodnik

SUMÁRIO

Apresentação

Como usar o CD que acompanha esse caderno?

- 7 Universo sonoro
- 10 Apreciação musical
- 12 O que é som?
- 13 Propriedades do som
- 16 Qual a relação entre as propriedades do som e a música?
- 18 Algumas considerações a mais sobre ritmo
- 20 Antes de tocar, temos que nos preparar!
- 22 Mas tocar não é só soprar!
- 24 Vamos tocar usando apenas a cabeça da flauta!
- 26 Agora vamos tocar com a flauta inteira!
- 28 Dobro é metade
- 29 Escrevendo ritmo
- 30 Aprendendo a nota Lá
- 31 Regras importantes
- 33 Para escrever melodia
- 35 Linha, espaço, linha, espaço, linha
- 36 Figuras rítmicas
- 39 Nota Sol
- 41 Pentagrama
- 44 Vamos falar das notas e claves
- 48 Agora você pode ler e tocar de verdade
- 49 Pinça: a posição da nota Si
- 50 Nota Mi
- 51 Agora falaremos dos dedilhados em garfo
- 52 Sol agudo
- 53 Exercício para revisar os conceitos
- 55 *Repertório*

Agradecimentos

Agradeço a Deus por tudo, sempre.
Aos meus pais por todo o zelo.
Ao meu marido Ademir Gonçalves, por todo o apoio.
À minha filha Safira, por me dar coragem.
Ao Claudio Hodnik, pela amizade, arranjos e conselhos técnicos.
Ao Wiliam Kobata pelo competente trabalho e respeito.
À Aparecida Velo pelas ilustrações e amizade.
Aos professores e alunos do Sopro Novo, pela motivação.
À Yamaha Musical do Brasil, por viabilizar tudo isso.

Apresentação

Este caderno tem o intuito de completar a coleção dos cursos de flauta doce oferecidos pela **Yamaha Musical do Brasil**.

Os seminários de flauta doce do programa **Sopro Novo Yamaha** têm como objetivo atender a dois públicos distintos: professores de música que querem utilizar a flauta doce como instrumento musicalizador e professores leigos em música que queiram utilizar a música como recurso pedagógico na sala de aula.

Para este segundo grupo desenvolvi o seminário **Aprendendo a Ler Música** que é fundamentado na minha experiência como professora e nos cursos de especialização em métodos de educação musical que fiz no exterior. Utilizo fontes como Orff, Willams, Kodaly, Martenot e outros. Porém meu processo de aprendizagem musical, que se iniciou na infância, foi determinante para organização de minhas idéias e estruturação desse livro e do seminário Aprendendo a Ler Música. Pensando no meu processo de aprendizagem decidi que não bastava repetir a trajetória que eu tinha percorrido, mas alterá-la de acordo com as necessidades e direcionamento que cada um dos meus alunos, em seu processo particular de aprendizagem, me apresentou.

Com a entrada da educação musical no currículo escolar, creio que esse caderno, além de auxiliar os alunos do programa Sopro Novo da Yamaha, poderá ser utilizado como uma das ferramentas possíveis para professores leigos, músicos e alunos.

Espero que seja útil e gratificante passear por essas páginas, e que no final possam estar lendo, escrevendo, criando música, e o que é melhor:

Tocando flauta doce!

CRISTAL ANGÉLICA VELLOSO

COMO USAR OS ÁUDIOS QUE ACOMPANHAM ESSE CADERNO?

As primeiras faixas tratam-se de exercícios auditivos referentes a:

– Apreciação Musical
– O que é som
– Propriedade dos sons

Em seguida você ouvirá os exercícios para serem tocados com acompanhamento uma única vez. Finalmente os exercícios propostos como repertório são tocados 2 vezes cada, uma como modelo e a outra sem a flauta para que você possa tocar utilizando o acompanhamento como *playback*.

Divirta-se!

Lembrete para o professor:

Quando você tocar com seus alunos, demonstre os exercícios de duas maneiras: na primeira utilize a flauta doce soprano (sugiro YRS302BIII ou a YRS312BIII) para que possa servir de modelo de sonoridade e articulação. Na segunda vez, ou quando tocar em uníssono com os alunos, utilize a flauta doce tenor (sugiro YRT304BII).

Dessa forma eles terão um som guia diferenciado, já que o som da tenor é bem mais grave do que o som da soprano. Outra vantagem é que os alunos enxergarão a digitação de forma ampliada dado o tamanho do corpo da flauta tenor. Outra vantagem é que você não precisará fazer gestos exagerados e preservará sua técnica.

Aconselho que utilize flautas de resina e não de madeira para dar aulas, pois essas flautas resistem muito bem a maratona de aulas que os professores tem de enfrentar. As flautas de madeira são boas para alunos mais adiantados, para serem utilizadas em aulas individuais e recitais.

 Arquivos de áudio *play-a-long* em MP3 estão disponíveis para *download* gratuito em:

vitale.com.br/downloads/audios/415-M.zip

ou através do escaneamento do código abaixo:

Obs.: Caso necessário, instale um software de descompactação de arquivos.

CAPÍTULO 1
Universo Sonoro

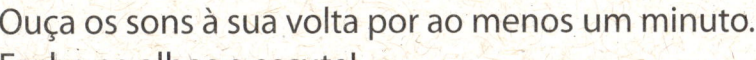

Ouça os sons à sua volta por ao menos um minuto.
Feche os olhos e escute!
Agora faça uma lista de todos esses sons, ou ao menos de 5 sons diferentes.
Esse é um dos universos sonoros que você habita.
Converse sobre os sons que ouviu.
Quem ouviu o quê?
Esses sons têm nomes definidos? Por exemplo: campainha, toque do telefone, barulho da energia correndo na luminária da sala, voz de mulher, cachorro latindo, etc?
Você percebeu que alguns sons dos que você ouviu são diferentes do que o seu colega ouviu?
Por que será que isso acontece?
Isso acontece porque depende da atenção e do conhecimento prévio que cada um tem dos sons (*repertório sonoro*).
Há sons muito conhecidos por você que acabam passando despercebidos porque são familiares demais, e aí você não os percebe sem que alguém lhe chame atenção. Por exemplo: quantos aviões passaram por sua cabeça nesses últimos minutos? Quantos caminhões ou quantos sons de pássaros?
Se você estiver numa fazenda, se dará menos conta dos sons dos pássaros do que dos carros, e, se estiver na cidade, se dará menos conta dos sons urbanos do que dos pássaros.
Ouvimos melhor aquilo que contrasta mais com o pano de fundo sonoro.
Você frequenta diferentes universos sonoros: sons da sua casa, de seu trabalho, do campo, da cidade, da praia, etc.

Exercício

Vamos fazer uma lista de sons de universos sonoros distintos:

Sua casa no domingo de manhã	*Sua escola no horário do recreio*

Crie outras listas.

Procure imitar esses sons vocalmente e com batimentos corporais como palmas, estalos de dedo, batidas com o pé... Invente um meio.

Vamos brincar de adivinhar qual som está sendo imitado e a qual universo ele pertence.

Convide um amigo para brincar ou, se você for professor, divida a sala em grupos e faça esse jogo marcando um ponto para cada acerto de cada grupo.

Exercício

a) Escolha 4 sons de um universo sonoro específico.
b) Crie um símbolo com desenhos ou objetos para cada som.
c) Crie agora uma sequência dos sons que você escolheu.
d) Escreva a sequência utilizando os símbolos que você criou (isso pode ser chamado de partitura). Chamamos de partitura a música grafada, ou seja, escrita.
e) Você pode passar para seus colegas seus símbolos e sequências e, em seguida, criar ditados que poderão ser corrigidos.

Exemplo de partitura não convencional:

Bula:

Pintinho (*piu-piu*)

Rajada de vento (*Uuuff!*)

Porteira abrindo (*Nhéeec!*)

Porteira fechando (*Pá!*)

Paisagem sonora:

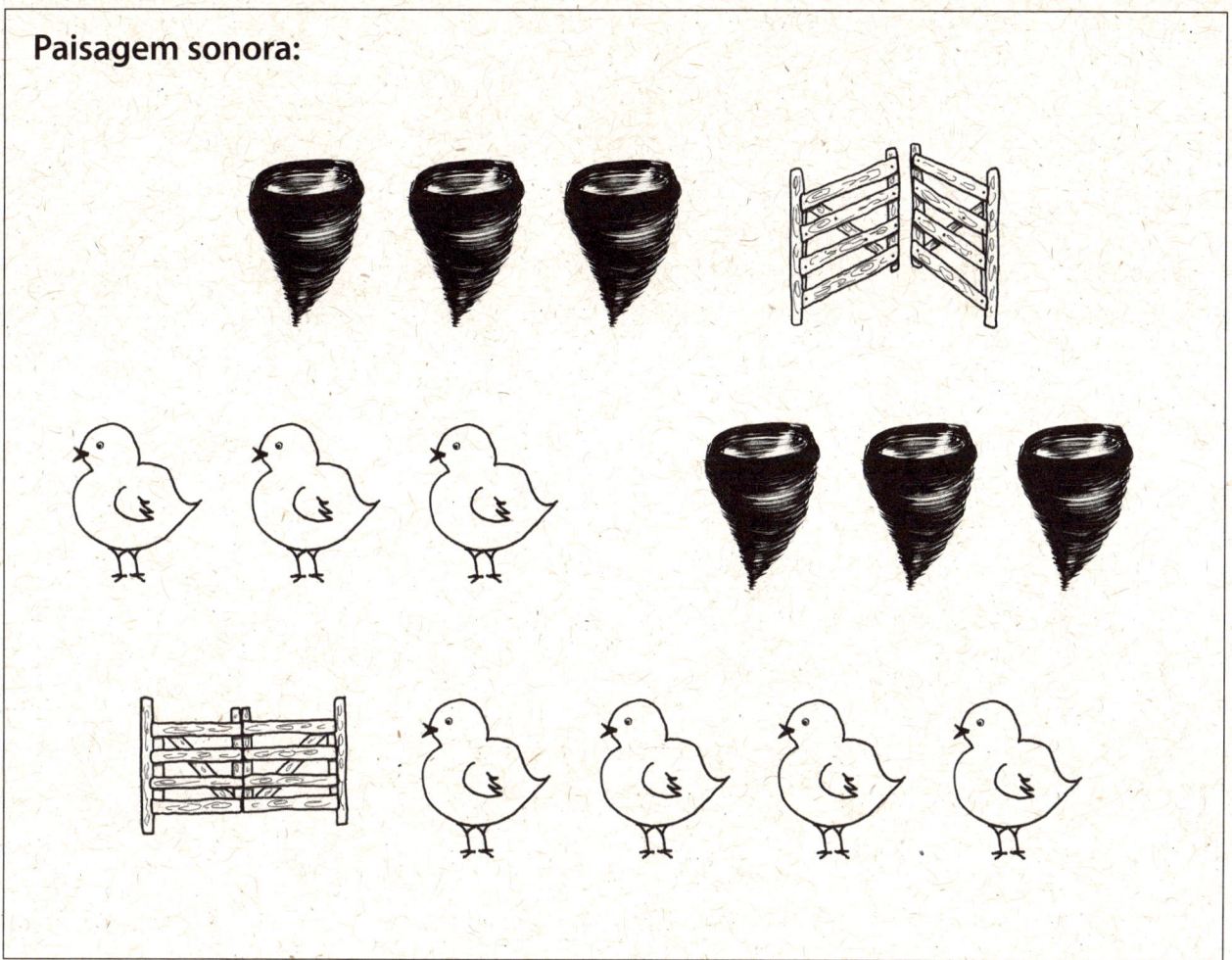

Com essa partitura não convencional criamos uma paisagem sonora que conta que um vento forte abriu a porteira deixando escaparem os pintinhos. De repente outra rajada de vento fechou a mesma porteira secamente, deixando os pintinhos do lado de fora.

CAPÍTULO 2
Apreciação Musical

Entende-se aqui por **apreciação musical** a maneira como você escuta a música.

Uma **apreciação musical passiva** se dá quando você apenas escuta a música e fica entregue à sua imaginação ou à uma analise puramente intelectual do que você está escutando.

Exige bastante concentração. Quando você assiste a um concerto sua apreciação passiva é requisitada.

Exercício
Faixa 01

a) Escolha um compositor e escolha uma música que você não conhece. Ouça-a atentamente em silêncio. (Sugestão: "Amanhecer", de Edvard Grieg.)
b) O que você achou dessa música? Triste, alegre, bucólica, calma...
c) Ela faz você pensar em alguma coisa? Monte uma roda de conversa e faça com que todos compartilhem suas impressões.
d) Ouça novamente e desenhe uma paisagem sonora dessa música.

Compartilhe com os outros colegas de classe (monte uma exposição com os desenhos).

Uma **apreciação musical ativa** se dá quando você de alguma maneira interfere no que estiver ouvindo.

Há muitas maneiras de se fazer uma apreciação musical ativa. Por exemplo: cantar junto; fazer acompanhamentos com batimentos corporais ou utilizando instrumentos; dançar, criar uma letra para a música (paródia – no caso das que já tiverem letra), etc.

Sugestão de exercício

a) Escolha uma música e coloque para os alunos ouvirem.
b) Divida a classe em grupos e peça para cada grupo escolher uma forma de ouvir ativamente.
c) Dê aos grupos um tempo para criar sua interferência e ensaiar.
d) Cada grupo deverá apresentar sua forma de ouvir.

Existem outras formas de apreciar música.

Apreciação puramente afetiva – exige apenas sensibilidade e se resume em conceitos mais emocionais como: triste, alegre, forte, agressivo.

Apreciação técnica – Exige conhecimento da linguagem musical como um todo, e não é puramente afetiva.

A apreciação técnica contém a afetiva, mas a afetiva não contém a técnica, por isso a apreciação técnica possibilita prazer intelectual e, portanto, uma apreciação mais ampla.

Exercício

Peça ao grupo que cante um som agudo, longo e forte. Agora peça ao grupo para descrever o som que fizeram.

Na descrição aparecerão conceitos afetivos e técnicos. Ex: triste, fino, desesperado, forte, intenso, irritante, comprido, contínuo, voz de mulher.

Separe os dois nas colunas correspondentes abaixo. Por exemplo:

Afetivo	Técnico
Triste	Fino (agudo)
Desesperado	Forte (intenso)
Irritante	Comprido/contínuo
	Voz de mulher

CAPÍTULO 3
O que é som?

Vamos definir da maneira mais simples. Som é vibração.

Tudo que vibra produz um som, às vezes audível para os seres humanos e às vezes não.

Vamos dividir o som em duas categorias: chamaremos de **ruído** os sons que são produzidos por vibrações irregulares, e simplesmente de **som** aqueles que são produzidos por vibrações regulares.

Ver gráfico representativo abaixo:

Faixa 02

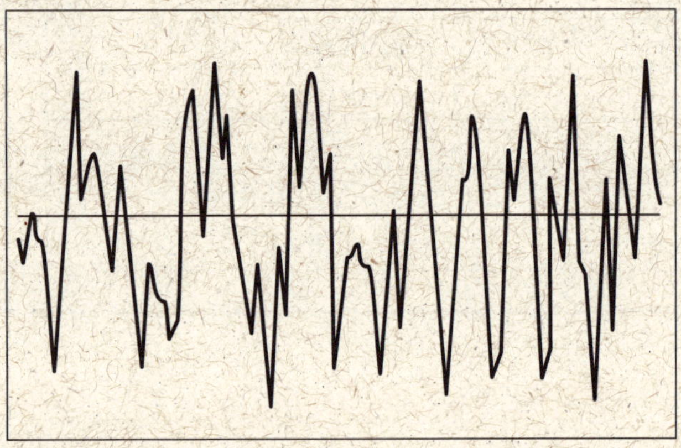

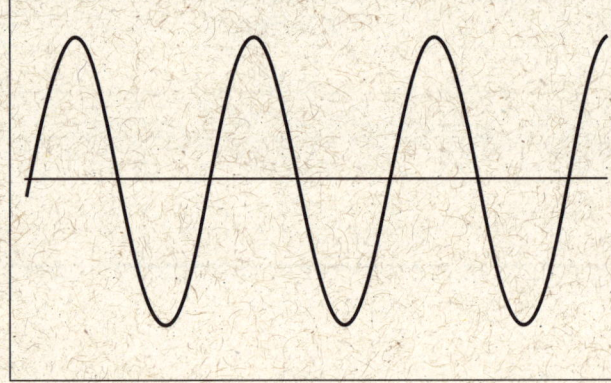

Ruído   **Som**

Arraste uma cadeira no chão e depois tente imitar o som vocalmente. Difícil?
Tente imitar vocalmente o som de uma sirene. Foi mais fácil?
Agora pense no universo sonoro de sua casa.

Liste 10 sons;
    Classifique em ruído e som
    Compartilhe com seus amigos!

Temos mais facilidade de imitar sons cujas vibrações são regulares.

As notas musicais são produzidas por vibrações regulares, por isso são mais fáceis de serem repetidas, mas muita música é composta utilizando ruídos também. E por isso podemos afirmar que **todo som é musical**.

Faixa 03

CAPÍTULO **4**

Propriedades dos Sons

Denominamos aqui **Propriedades dos Sons** todas as características que fundamentam a existência do som.

Observe na tabela acima a coluna de apreciação técnica:

Duração

A propriedade que descreve se o som é longo (comprido ou duradouro ou contínuo) chama-se **duração**.

Um som que não tem duração, ou seja, que não é longo, médio ou curto, não existe.

Para o som existir ele tem que ter uma duração.

Através da duração podemos definir quanto tempo um som está sendo emitido, ou o quanto ele é longo ou curto.

Veja o gráfico abaixo:

•	•	•
longo	curto	curto
taaaaaaaaaaaaaaaaaaaaaaaaaaa	*taaaaaaaaaaaaa*	*taaaaaaaaaaaaa*

Altura

O termo *fino* se refere a um som *agudo*.

A propriedade que descreve se o som é agudo, médio ou grave (som *grosso*) chama-se **altura**.

Um som que não tem altura, ou seja, que não é grave, agudo ou médio não existe.

Para o som existir ele tem que ter uma altura.

• **Importante:** Não confunda *altura* com *volume*, *altura* é a propriedade do som que determina se o som é agudo (fino), médio ou grave (grosso).

Levando em consideração o que dissemos sobre altura, podemos dizer que um som agudo é *alto* e um grave é *baixo*.

Uma das formas mais eficientes de compreender a altura é perceber que direção o som está tomando durante um discurso sonoro (música), ou seja, se está indo para cima ou para baixo.

Procure fazer com sua voz o caminho que os gráficos a seguir definem.

Tome um som médio como referencia e cante os gráficos:

Aprendendo a ler música 13

Exercício – Gráficos sonoros

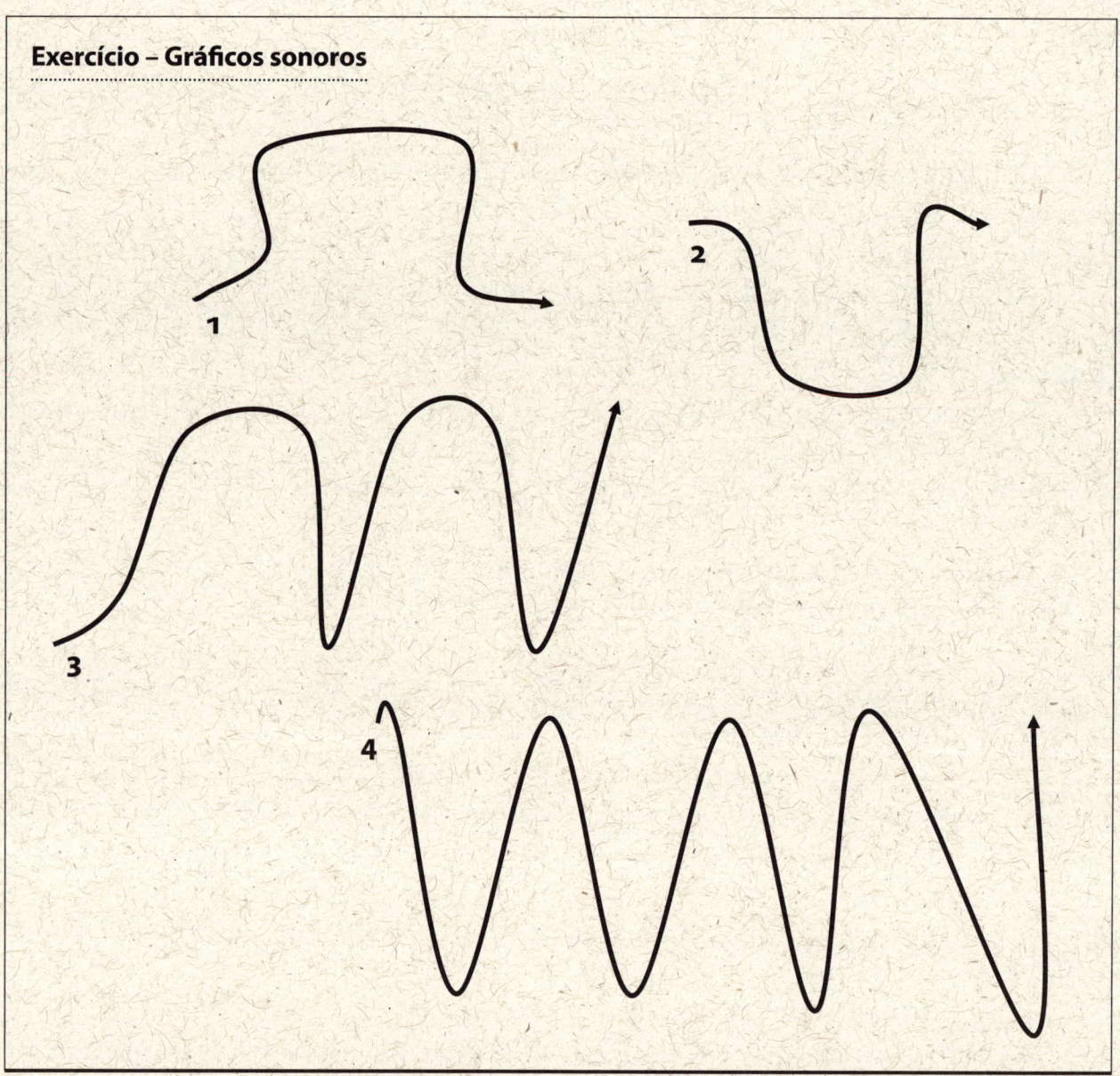

Agora crie alguns gráficos sonoros e dite-os para seus amigos.

Confira os gráficos deles com o que você criou. Você acabou de fazer um ditado de gráficos sonoros.

• **Dica**: Aqui você também pode utilizar uma flauta de êmbolo para brincar.

Intensidade

A propriedade que descreve se o som é forte ou intenso chama-se **intensidade**.

Um som que não tem intensidade, ou seja, que não é fraco, forte ou médio não existe.

Para o som existir ele tem que ter uma intensidade.

• **Importante**: É muito comum crianças confundirem som *grave* com som *forte*. *Intensidade* é a propriedade do som que determina se o som é fraco, médio ou forte.

Timbre

A propriedade que descreve quem produziu o som ou quem é a fonte sonora chama-se **timbre**.

Um som que não tem quem o emita ou produza não existe.

Para o som existir ele tem que ter uma fonte sonora.

O nome da fonte sonora é o mesmo nome do timbre. Por exemplo: som de piano tem timbre de piano.

Ouça sua música favorita e procure descobrir quais instrumentos estão tocando, ou seja, timbre de quais instrumentos você está ouvindo.

Exercício

Preencha a tabela abaixo de acordo com o som descrito.
Siga o exemplo da primeira linha (panela de pressão):

Som	Timbre	Duração	Altura	Intensidade
Panela de pressão	*Panela de pressão*	*Longa*	*Agudo*	*Forte*
Bebê chorando				
Caminhão passando na rua				
Tic-tac do relógio				
Apito de fábrica				
Pingos de chuva fraca				
Pintinho piando				
Vaca mugindo				
Pipoca estourando				

CAPÍTULO 5
Qual a relação entre as propriedades do som e a Música?

Vamos definir brevemente música como linguagem. Uma sucessão de sons organizados que passam uma mensagem sonora.

Música é um discurso sonoro.

•

Pense na canção "Parabéns a você".
Agora cante e analise em cada mudança de sílaba se o som subiu, desceu ou ficou no mesmo lugar.

```
                                           vo
                                                    cê
                       béns
         Pa    ra                  a
```

Você acabou de exercitar a altura e descobriu que a melodia que você está cantando nada mais é do que a variação de sons agudos, médios e graves que se alternam ou se repetem,
Portanto podemos definir que **melodia é a variação da propriedade do som** *altura*.

•

Pense na canção "Parabéns a você" novamente, só que agora pense na duração de cada sílaba:

```
Pa    ra    béns    aaaaa    voooo    cêeeeeeeeeeeeeee
```

Você acabou de exercitar a duração e descobriu que a letra que você está cantando nada mais é do que a variação de sons longos, médios e curtos que se alternam ou se repetem criando um ritmo.

A origem do ritmo musical é a palavra, cada palavra tem uma acentuação fonética que realizamos prolongando levemente a duração da sílaba acentuada.
Meu nome, por exemplo: Cris – tal.
Tal é a sílaba mais forte e o gráfico de duração de meu nome seria:

Cris   taaaaaaal

Veja qual a sílaba forte do seu nome e escreva utilizando o gráfico de duração.
Faça uma lista de nomes e escreva-os do mesmo modo.
Por exemplo:

Ra – fa – el	Ra fa eeeeeeeel	
Su – za – na	Su zaaaaaeeaa na	
Lu – cas	Luuuuuuuu cas	

Portanto podemos definir que **ritmo é a variação da propriedade do som *duração***.

•

O conjunto de instrumentos que realizam a música determina o timbre, por exemplo:

Música para orquestra sinfônica, música para banda de jazz, música para quarteto de flautas doces.

Todas essas considerações se referem ao timbre.

Portanto podemos dizer que o **timbre é determinado pelo grupo de instrumentos que executa a obra**.

•

E a intensidade?

A variação de intensidade. Executar as frases musicais fortes ou fracas, ou crescendo a intensidade e diminuindo, gera a dinâmica.

Chamamos de *dinâmica* a capacidade expressiva impressa na execução da música.

Talvez essa seja a mais difícil de escrever, mas é a mais fácil de perceber, pois as mudanças de intensidade e nuances é que provocam a nossa emoção quando ouvimos música.

Portanto podemos dizer que **dinâmica é a variação de intensidade**.

•

Lembremos assim:

Melodia = variação de **altura**
Ritmo = variação de **duração**
Dinâmica = variação de **intensidade**
Grupo instrumental ou vocal = variação de **timbre**

CAPÍTULO **6**

Algumas considerações a mais sobre ritmo

É muito comum as pessoas confundirem **ritmo**, **andamento** e **pulsação**.

Agora que ritmo foi definido como variação de duração ficará mais fácil compreender o conceito de andamento.

Andamento é a velocidade com a qual o ritmo é executado.

Para determinar essa velocidade algumas palavras ajudam a definir se a execução do discurso sonoro (música) deve ser rápida, lenta ou moderada.

São elas:

Allegro, vivace, presto (para velocidades mais rápidas)
Andante, moderatto, allegro ma non troppo (para velocidades médias)
Largo, lento, adagio (para velocidades lentas)

Todas essa palavras são nomes de andamentos que determinarão a velocidade do discurso sonoro.

•

Pulsação é outra palavra que devemos observar.

Pulsação é a sucessão de *pulsos*.

Pulso é uma unidade de tempo, uma medida de tempo, como, por exemplo, as batidas de seu coração.

Cada batida é um pulso, mas o que te mantém vivo é a sucessão de pulsos, que chamamos de pulsação.

Imagine-se ouvindo uma música muito animada e seu pé começa involuntariamente a bater no chão.

Inconscientemente você está detectando a pulsação da música.

Crianças quando brincam de roda caminham inconscientemente marcando a pulsação.

Isso acontece porque vivemos em um mundo binário. Nossa respiração é binária, nosso andar é binário e talvez a primeira unidade de medida de tempo que conhecemos tenha sido o dia e a noite.

Essa sucessão de pulso, forte como o dia e em repouso como a noite.

Dia, noite, dia, noite...

O que acontece entre o dia e a noite determina o ritmo de seu dia.

A velocidade com que você executa as tarefas determina o andamento de seu dia.

Lembra-se da canção "Atirei o pau no gato"?

Cante e bata palmas.

Você está batendo a pulsação.

(palmas) | | | | | | | | | | | | | | | |

Os músicos utilizam um metrônomo para ajudar a marcar a pulsação:

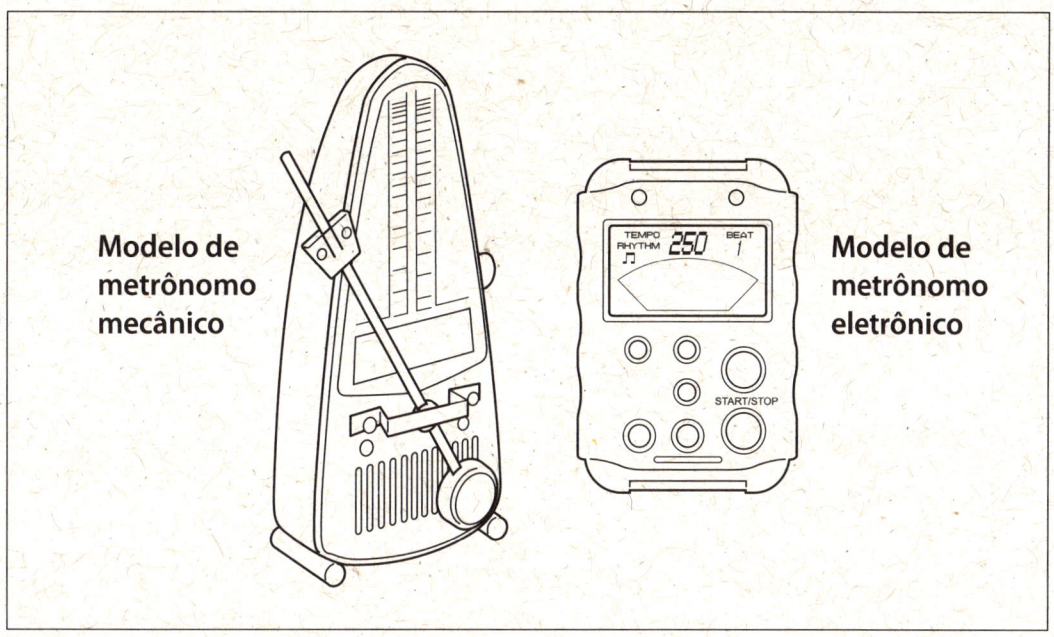

Modelo de metrônomo mecânico

Modelo de metrônomo eletrônico

Agora bata uma palma para cada sílaba enquanto canta.
Você está batendo o ritmo.

| a | ti | rei | o | pau | no | gaaaaa | tooooo | tooooo |

Escolha várias músicas e bata a pulsação e depois o ritmo para diferenciar um do outro.

Para executar bem um ritmo é preciso entender e identificar sua pulsação.

A pulsação é a alma do ritmo, assim como seu coração determina a vida em seu corpo.

Vamos colocar esses conceitos em prática tocando flauta doce!

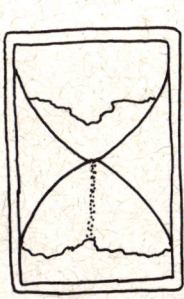

CAPÍTULO 7
Antes de tocar temos que nos preparar!

A flauta doce é um instrumento de sopro da família das madeiras.
Faz parte de uma família de instrumentos bastante grande.
Existem vários tipos de flauta doce. As mais conhecidas são: flauta doce soprano, flauta doce contralto, flauta doce tenor e flauta doce baixo.
A que utilizaremos aqui será a flauta doce soprano.
O modelo que aconselhamos é a YRS24B da Yamaha.

A flauta doce é composta por três partes:

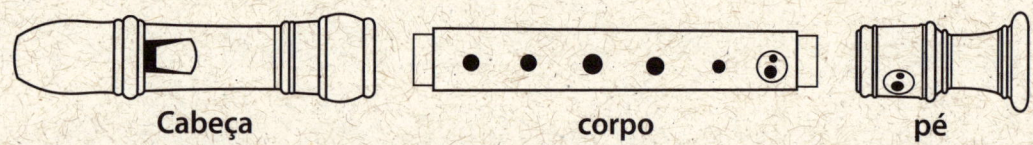

Cabeça   corpo   pé

Na cabeça temos:

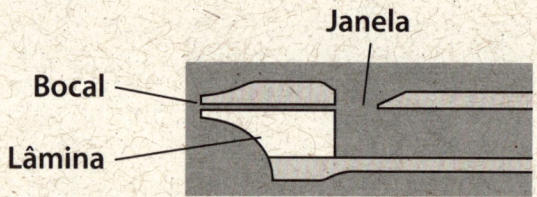

No corpo: há um orifício na parte de trás que será tampado com o polegar da mão esquerda.
No pé: o pé pode ser ajustado ao tamanho de sua mão de forma que o dedo mínimo da mão direita alcance o último orifício sem esforço.

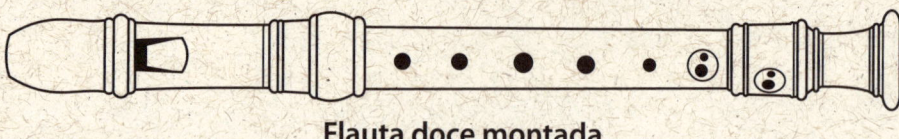

Flauta doce montada

A flauta estando montada, vamos aprender a segurá-la.
Fique em pé.
Divida o peso do corpo entre as duas pernas.
Cabeça olhando para frente sem colar o queixo no peito.
A cabeça da flauta fica na boca, com o bocal apoiado no lábio inferior.
OBS: não morda a flauta.

A mão esquerda, tampa com o polegar o furo de trás e com os outros dedos os furos da frente sem utilizar o dedo mínimo.

A mão direita apoia o corpo da flauta com o polegar. Os outros dedos devem tampar todos os furos sendo que o dedo mínimo tampa o último furo do pé da flauta.

É muito comum ver crianças tocando com as mãos trocadas. Tomem cuidado com isso!

CAPÍTULO 8
Mas tocar não é só soprar!

Para tocar flauta doce usamos os dedos, e quando falamos de dedos falamos de **digitação**.

Para tocar flauta doce usamos o ar, e quando falamos de ar falamos de **respiração**.

Para tocar flauta doce usamos a língua, e quando falamos de língua falamos de **articulação**.

Respiração

Veja se está confortável e identifique se sua respiração está relaxada.

Localize seu diafragma encolhendo o máximo que der a sua barriga.

Esse músculo que você encolheu é seu diafragma.

Respire sempre mandando o ar para o diafragma e soltando o ar pela boca.

Você já viu como a barriguinha dos bebês se movimenta enquanto eles estão dormindo?

Movimenta-se dessa maneira justamente porque o bebê está respirando utilizando o diafragma.

É exatamente assim que você deverá respirar para tocar. A única diferença é que o flautista deve respirar pela boca, porque assim pega mais ar numa quantidade menor de tempo.

Se ao invés do diafragma você encher o peito como um soldado em posição de sentido, você terá menos resistência para controlar a saída de ar.

Vamos treinar em mandar o ar para o diafragma e a soltar o ar pela boca.

Exercício

Faça o teste da resistência abaixo prestando atenção nas sensações de seu corpo enquanto o realiza:

Teste de resistência

Encha bem o seu peito de ar diga seu nome completo, o de sua mãe e do seu pai, seu endereço (rua, bairro, CEP, cidade, país) e mais outras informações que lembrar utilizando só um fôlego até o ar acabar.

Faça a mesma coisa agora utilizando o diafragma.

Como se sentiu?

Se você fez o exercício corretamente foi muito mais confortável realizar o exercício da segunda maneira utilizando o diafragma.

Talvez você não consiga fazer da forma correta desde a primeira vez, porém pense sempre nisso cada vez que for tocar e não desista.

A qualidade da sua sonoridade dependerá desse controle do ar pelo diafragma.

Articulação

Utilizamos a língua para interromper a passagem de ar para dentro da flauta. A língua executa o ritmo da música juntamente com os dedos.

A flauta doce fala principalmente a língua do *tu*.
Para entender facilmente façamos um exercício:
Fale o seu nome, por exemplo: Gabriel.

<u>Ga</u>   <u>bri</u>   <u>eeeeeeeel</u>

Fale agora esse nome na língua do *tu*:

<u>tu</u>   <u>tu</u>   <u>tuuuuuuu</u>

Agora respire corretamente e fale o ritmo de várias canções na língua do *tu*.
A primeira sílaba que utilizaremos para tocar flauta será o *tu*.
O *tu* será nossa primeira articulação.
Existem outras, *du*, *ru*, *cu*, *gu*, etc. mas não as utilizaremos agora.
Nesse momento o que importa é fazer bem o *tu*.
Neste caderno você nunca tocará sem utilizar a língua. **Sempre diremos um** *tu* **para cada som que formos tocar.**
• **Um lembrete importante:** quando falar *tu* não solte a voz, solte somente o ar.

Aprendendo a ler música

CAPÍTULO **9**

Vamos tocar usando apenas a cabeça da flauta!

1. Com o bocal na boca experimente soprar um som longo falando *tu* para cada som e respirando utilizando o diafragma.

Esse som é grave ou agudo?

2. Com o bocal na boca e com a palma da mão esquerda tampe toda a **abertura do encaixe da cabeça da flauta**. Experimente soprar um som longo falando *tu* para cada som e respirando utilizando o diafragma.

3. Esse som foi mais grave ou agudo que o primeiro?

Você acertou, ele foi mais grave.

Toque o seguinte exercício de graves e agudos.

As balas dos pirulitos indicarão se você deverá tocar abrindo ou fechando a cabeça da flauta com a mão esquerda.

Balas para cima – som agudo – mão aberta
Balas para baixo – som grave – mão fechada.

Exercício

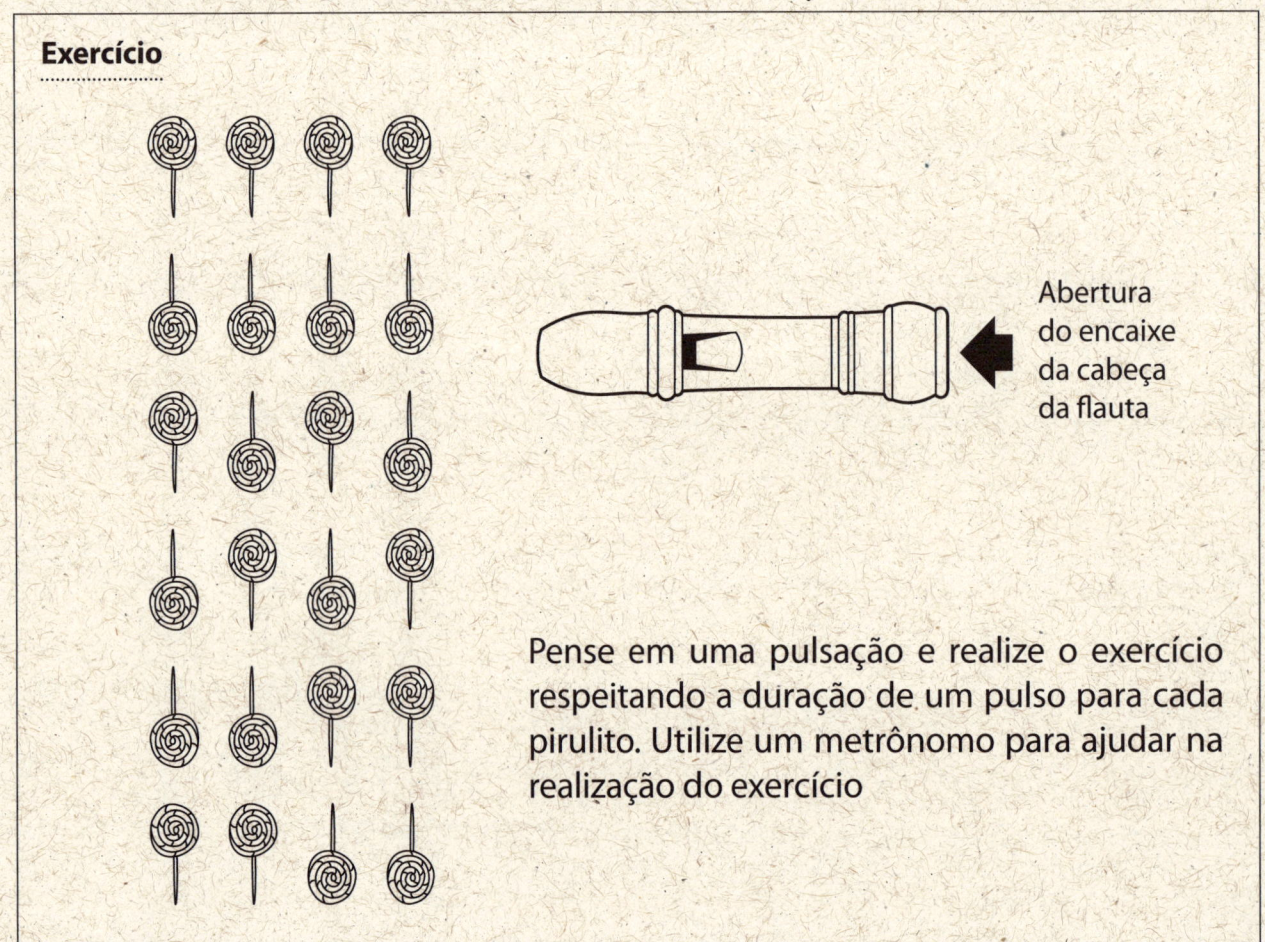

Abertura do encaixe da cabeça da flauta

Pense em uma pulsação e realize o exercício respeitando a duração de um pulso para cada pirulito. Utilize um metrônomo para ajudar na realização do exercício

Canguru

Folclore/Cristal A. Velloso

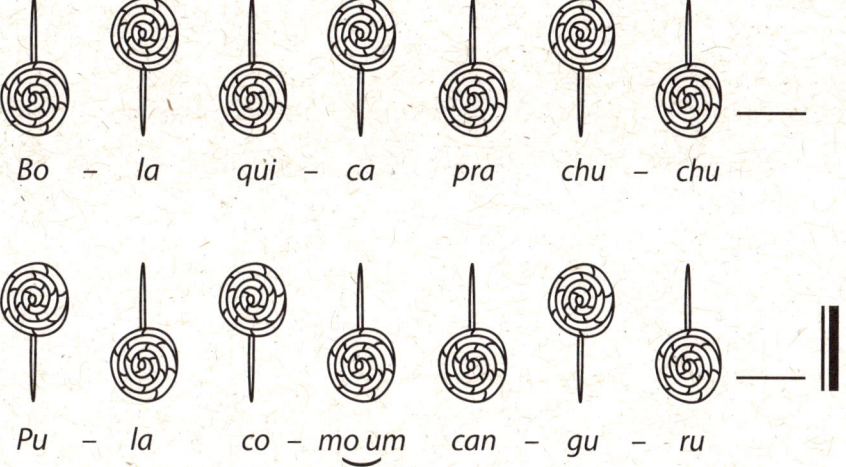

Bo – la   qui – ca   pra   chu – chu

Pu – la   co – mo um   can – gu – ru

Podemos agora cantar a canção da "Coruja"!
Abaixo segue a partitura para aquele professor que desejar tocá-la junto com seus alunos.

Coruja

Faixa 04

Letra: No meio da floresta
morava uma coruja
E nas noites de lua
ouvia-se seu canto
tuitu–tuitu
tui–tui–tui–tu.

OBS: Você pode fazer com a cabeça da flauta o *tuitu* da coruja.
Faça *tui* com a cabeça da flauta aberta e *tu* com a cabeça da flauta fechada.

CAPÍTULO **10**

Agora vamos tocar com a flauta inteira!

Apoie a flauta no queixo, que aqui, para brincar, diremos que é a almofada de descanso.

Com a flauta na almofada você não poderá soprá-la e poderá prestar mais atenção nos dedos e treinar a língua do *tu* e a respiração antes de efetivamente tocar.

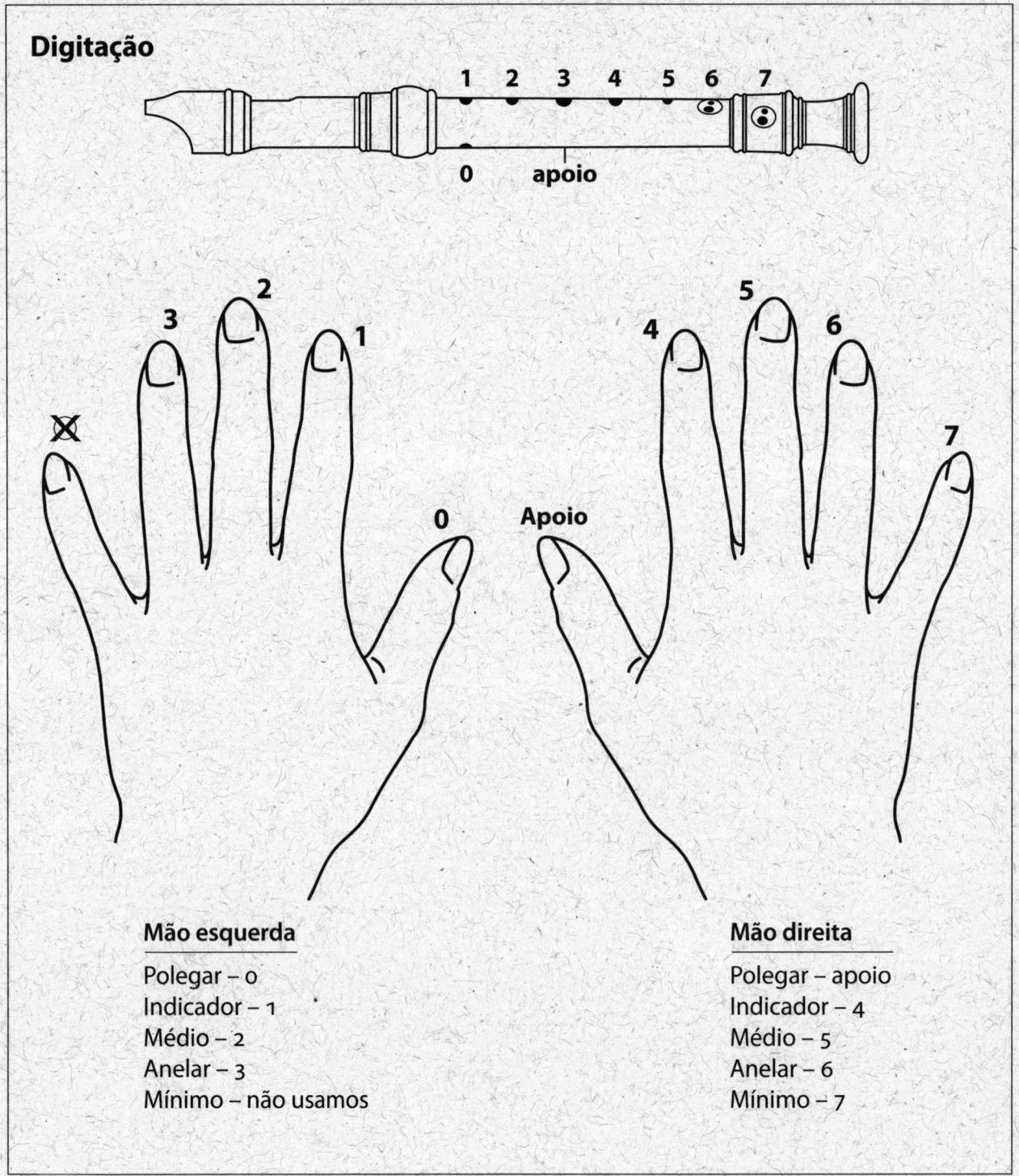

Mão esquerda
Polegar – 0
Indicador – 1
Médio – 2
Anelar – 3
Mínimo – não usamos

Mão direita
Polegar – apoio
Indicador – 4
Médio – 5
Anelar – 6
Mínimo – 7

Vamos ver a digitação da nota dó!

A digitação da nota Dó é **02**.

OBS: lembre-se que os dedos que não estiverem sendo utilizados deverão ficar no ar, na direção do furo que eles poderiam tampar. Fique sempre atento com a posição das mãos e dedos.

Retire a flauta da almofada e toque uma nota dó bem longa.

Repire utilizando o diafragma, pense no *tu* e toque.

```
doooooooooooooooooooooooooooooooooooooooooooooo
Tuuuuuuuuuuuuuuuuuuuuuuuuuuuuuuuuuuuuuuuuuuuuu
```

Feche os olhos e sinta se suas mãos estão bem posicionadas.

Por que começar com a nota dó?

Grande parte dos métodos de flauta doce inicia com a nota si.

A nota si requisita dos dedos a posição de uma pinça.

Essa posição proporciona segurança ao aluno, mas lhe possibilita segurar a flauta com uma única mão, o que nesse momento é inadmissível.

Esse é um dos motivos pelo qual eu inicio com a nota dó.

Ela obriga o aluno a segurar a flauta corretamente.

Outro motivo para começar com a nota **dó** é que ela é culturalmente a primeira nota. E nessa altura em que a estamos tocando pode ser facilmente cantada pelos alunos.

CAPÍTULO 11
Dobro e metade

Vamos tocar os gráficos de duração abaixo utilizando a nota dó.

⸻ ⸻ ⸻⸻

Observando o gráfico de duração você perceberá que existe uma relação de tamanho entre eles.

A relação é que o *longo* tem sempre o dobro do tamanho do *curto*, ou se preferir, o *curto* tem a metade do tamanho do *longo*.

Essa relação *dobro* e *metade* rege as relações entre as durações dos sons na hora de escrevermos os ritmos das músicas.

É muito importante saber que um longo vale 2 vezes um curto.

⸻ ⸻

Vamos tocar a nota dó nos gráficos abaixo considerando que cada som curto seja um pulso:

1. ⸻ ⸻ ⸻⸻
2. ⸻⸻ ⸻ ⸻
3. ⸻ ⸻⸻ ⸻⸻
4. ⸻ ⸻⸻⸻ ⸻ ⸻
5. ⸻ ⸻ ⸻ ⸻ ⸻

Vamos criar os nossos próprios gráficos e ditarmos para a classe!

CAPÍTULO 12

Escrevendo ritmo

Você conhece essa trovinha?

A galinha do vizinho
Bota ovo amarelinho
Bota um, bota dois,
Bota três, bota quatro,
Bota cinco, bota seis,
Bota sete, bota oito,
Bota nove, bota dez.

Vamos escrever a trovinha com curto e longo.
Observe o ritmo do *bota três, bota quatro*, pois muita gente se engana quando chega nessa parte.
Veja se você acertou:

— — — — — — — —
— — — — — — — —
— — — — — — — —
— — — — — — — —
— — — — — — — —
— — — — — — — —

Vamos tocar com a nota dó?

CAPÍTULO 13
Aprendendo a nota Lá

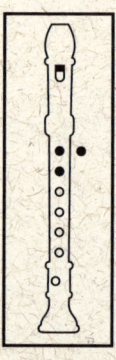

Nota lá

A digitação da nota Lá é 012.

Note que ao soprar o lá você precisa ver se o dedo 0 está bem posicionado e também fale *tu* mais suavemente.

Lá	lá	laaaaaaaaa
Tu	tu	tuuuuu

Que tal tocar a "Galinha do vizinho" com a nota lá?

Agora vamos aprender um versinho novo pra depois tocar com a nota lá.

*Batatinha quando nasce
Espalha a rama pelo chão.
A menina quando dorme
Põe a mão no coração.*

Como fica isso escrito com longo e curto?

Veja se acertou:

— — — — — — — — — — — — — —
— — — — — — — — — — — — — —

Toque lendo com a nota lá e depois toque lendo com a nota dó.

CAPÍTULO 14

Regras importantes

Sempre que aprendermos uma música nova deveremos seguir a seguinte ordem de trabalho:

1º Ouvir a música.
2º Aprender a cantar a música.
3º Cantar a música batendo a pulsação.
4º Cantar a música batendo o ritmo.
5º Cantar a música falando os nomes das notas.
6º Cantar a música digitando as notas na flauta e falando os nomes das notas, com a flauta descansando na almofada (queixo).
7º Cantar a música digitando as notas na flauta, com a flauta descansando na almofada.
8º Cantar na língua do *tu*, digitando as notas na flauta, com a flauta descansando na almofada.
9º Tocar a música lendo.
10º Tocar a música de cor.

Vamos tocar canções com as notas dó e lá, utilizando o gráfico de duração combinado com altura.

Os traços que estiverem em cima serão a nota dó e os traços de baixo serão lá. Você deverá ler sempre da esquerda para direita.

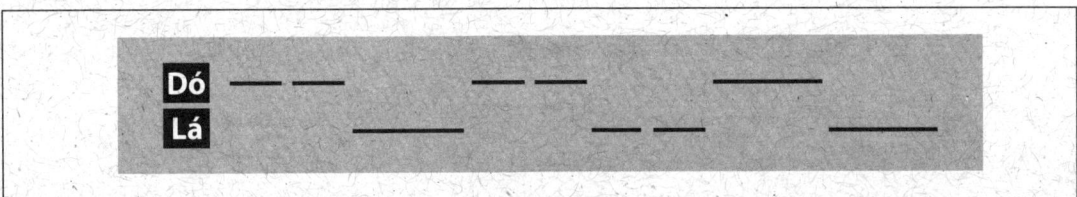

Manoel no céu (Cristal Velloso)

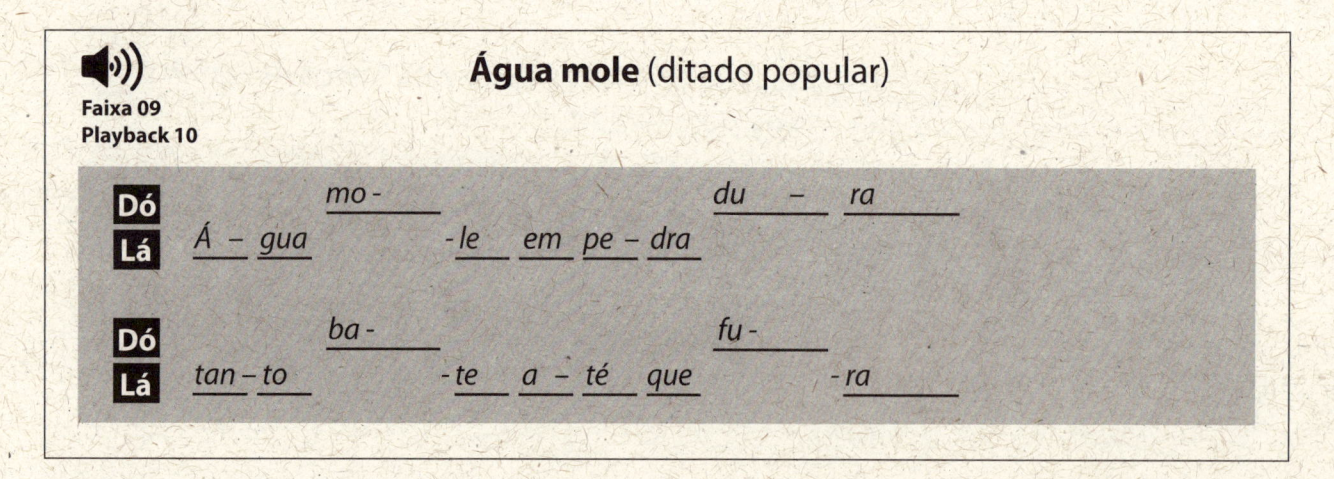

Faixa 05 / Playback 06

Dó	Ma– no–		céu ✓	es – que–	o	cha–
Lá		–el ✓ foi pro		–ceu	seu	–péu

Serra, serra, serrador (folclore)

Faixa 07 / Playback 08

Dó	Ser – ra		ser – ra –			
Lá		ser – ra		–dor ✓		

Dó	Ser– ra o		do vo–			
Lá		pa – po		–vô ✓		

Dó	Já ser–		vin– te e	um		três
Lá		–rei	qua–tro ✓		dois	qua–tro

Água mole (ditado popular)

Faixa 09 / Playback 10

Dó		mo–			du – ra	
Lá	Á – gua		–le em pe – dra			

Dó		ba–		fu –	
Lá	tan– to		–te a – té que		–ra

OBS: Se precisar respirar no meio é importante que respire no lugar marcado na partitura.
Esses sinais são de respiração (✓).

CAPÍTULO 15

Para escrever melodia

Descobrimos até aqui que a propriedade do som *altura* tem relação com *melodia*.

Para escrever altura estávamos usando os traços distribuídos no espaço, mas para escrever música corretamente precisamos escrever altura dando nomes aos sons.

O nome que damos aos sons é **nota**.

Para escrever melodias necessitamos saber que utilizaremos 7 notas principais.

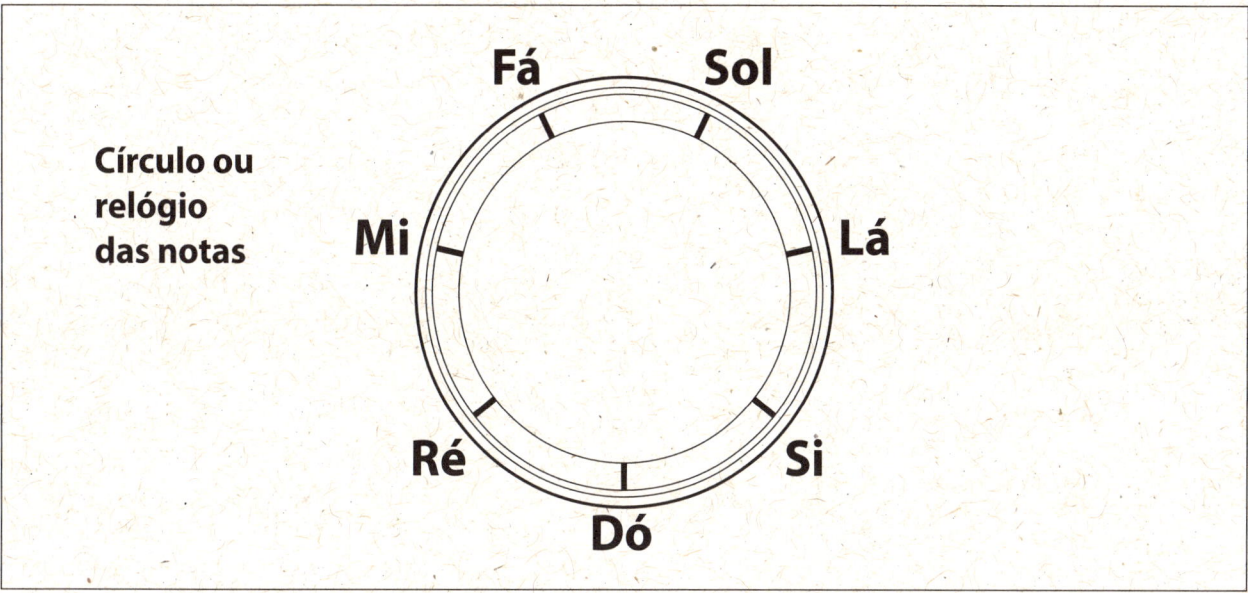

Colocando as notas numa escada, poderemos compreender que a que estiver no degrau mais baixo é a que tem o som mais grave, e a que estiver no degrau mais alto é de som mais agudo. A escada também nos ajuda a visualizar qual nota é vizinha da outra.

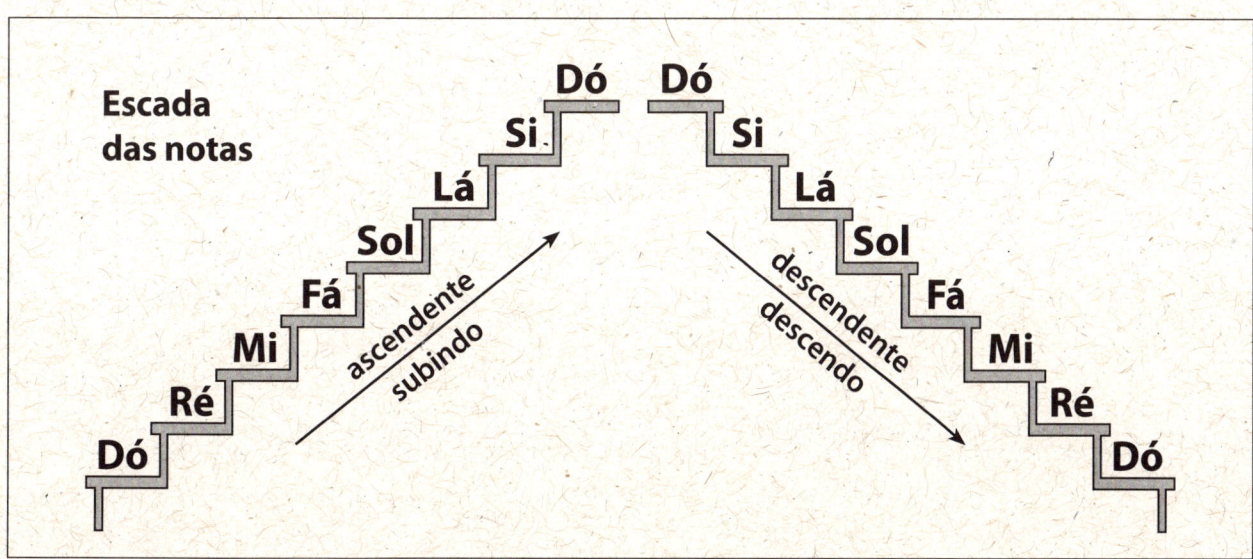

Aprendendo a ler música

Exercício dos vizinhos

Complete os degraus com os nomes das notas:

1.

2.

3.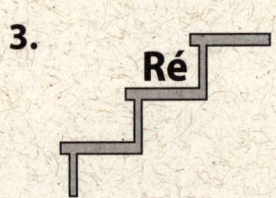

4.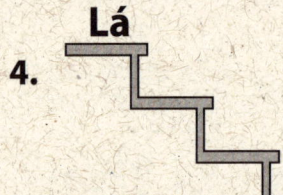

5.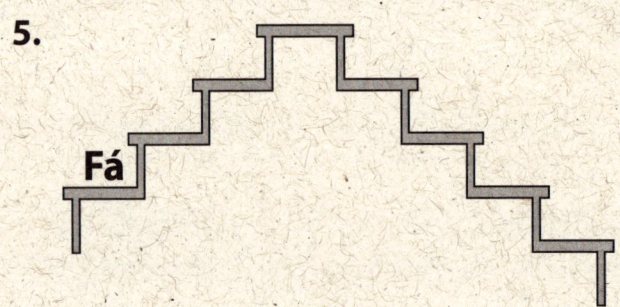

CAPÍTULO 16

Linha, espaço, linha, espaço, linha

Agora que sabemos bem quem mora do lado de quem, precisamos entender como podemos escrever as notas.

Vamos representá-las assim: o

Utilizaremos um monograma para entender como registrar a altura utilizando notas.

Quando a nota é atravessada pela linha, dizemos que a nota está na linha.

Quando a nota está acima da linha, dizemos que ela está no espaço superior.

Quando a nota está abaixo da linha, dizemos que ela está no espaço inferior.

Portanto concluímos que com um monograma (1 linha) podemos escrever uma música com 3 notas diferentes.

Por exemplo:

Se a primeira nota for dó, como se chamarão as outras?

Podemos escrever as notas da música "Manoel" utilizando o monograma?

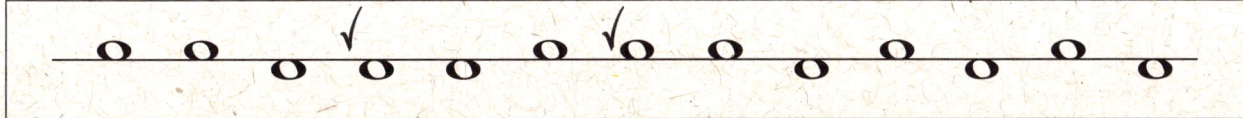

Observamos que as alturas das notas da canção estão corretas, mas como faremos para escrever a duração?

CAPÍTULO 17
Figuras rítmicas

Descobrimos até aqui que a propriedade do som *duração* tem relação com ritmo.

Para escrever duração estávamos usando os traços longos para sons longos e traços na metade do tamanho do longo para escrever sons curtos.

Fizemos isso para fixar que existe uma relação de dobro e metade entre longos e curtos.

Sabemos que para escrever *altura* precisamos de notas.

Vamos aprender agora que para escrever *duração* utilizamos as figuras rítmicas.

São figuras rítmicas:

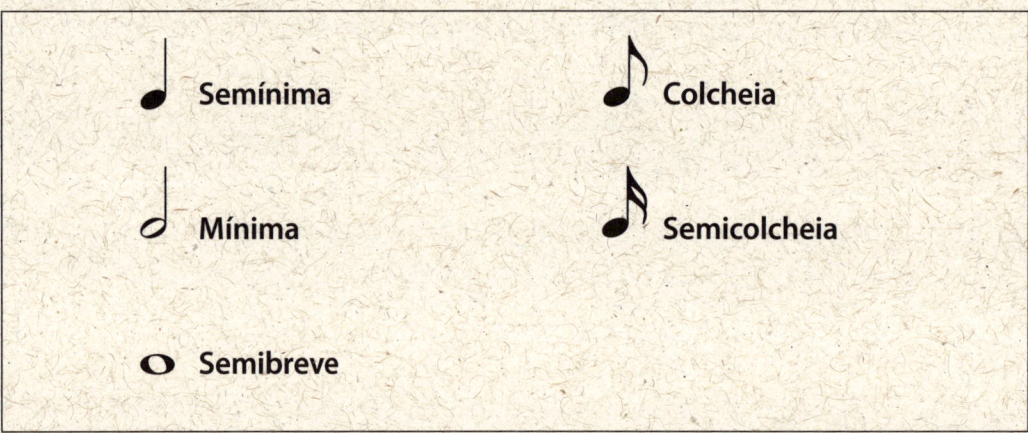

Mas a música não é feita só de *som*. A música também é feita de *silêncios* que chamamos de *pausas*.

Para cada figura rítmica temos uma pausa correspondente.

São elas:

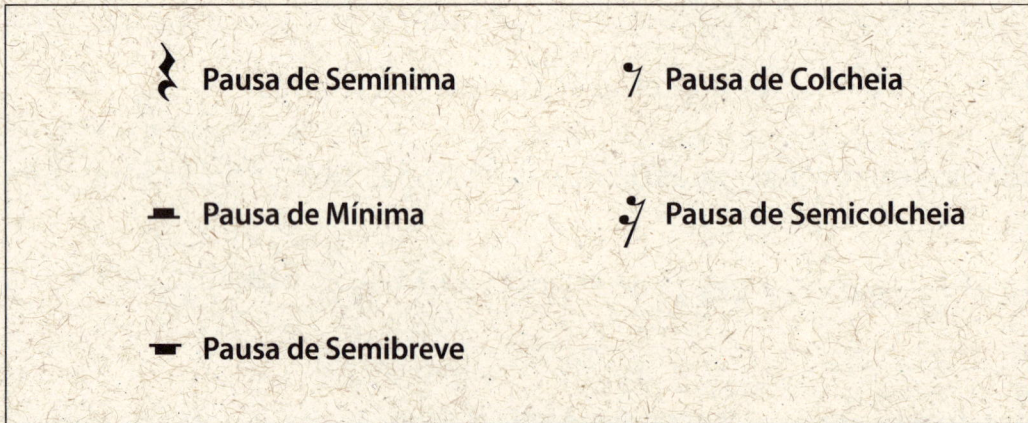

Qual a relação de dobro e metade entre as figuras?

Dentro da Semíbreve cabem **2 Mínimas**

Dentro de cada Mínima cabem **2 Semínimas**

Dentro de cada Semínima cabem **2 Colcheias**

Ou seja:

Como ficaria a música do "Manoel" com notas e duração em um monograma?
Utilizaremos a semínima como som curto e a mínima como som longo.
Lembre-se que dentro da mínima cabem 2 semínimas.

🔊
Faixa 11

Dó
Lá

OBS: Toda idéia quando termina tem que ter um ponto final. O ponto final em música é a **barra dupla**, ou se preferir, **barra final**.

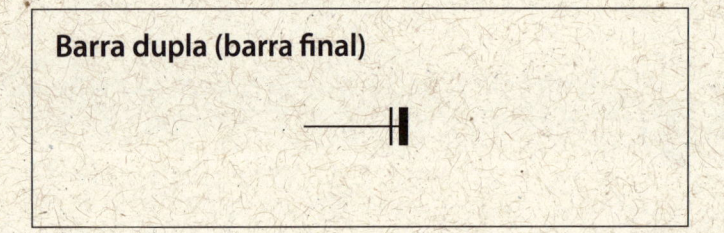

Barra dupla (barra final)

CAPÍTULO 18
Nota Sol

A digitação da nota Sol é **0123**.

OBS: Na nota sol você precisa soprar um pouco mais suavemente. Cuidado para na hora do *tu* não deixar o som explodir ou apitar.

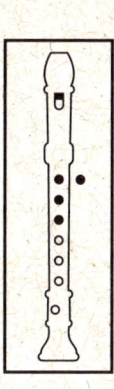

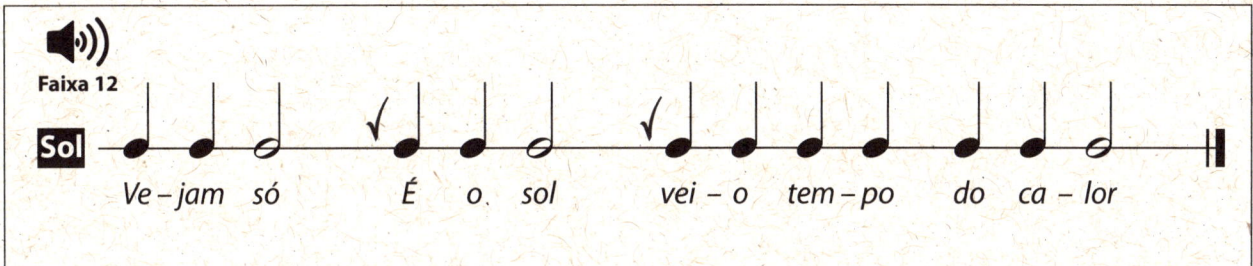

Faixa 12

Sol — Ve – jam só   É o sol   vei – o tem – po do ca – lor

Faixa 13

Sol — Vai e vem   vem e vai   ser – ro – ti – nho ser – ra – dor

Você já aprendeu as notas dó, lá e sol.

Para tocarmos uma música com essas 3 notas será mais fácil se usarmos um diagrama.

Diagrama é um conjunto de duas linhas.

Para contar conjunto de linhas devemos sempre contar de baixo para cima.

Veja o quadro abaixo:

```
2L ————————
1L ————————
```

Em um diagrama temos também o que chamamos de 1º espaço e 2º espaço:

```
2E ————————
1E ————————
```

Aprendendo a ler música

Vamos treinar a passagem da nota sol para a nota dó.
Cuidado para não levantar demais os dedos.
Não fique olhando para a flauta, procure apenas sentir se está fazendo tudo corretamente.
Se tiver alguma dúvida olhe no espelho

OBS: Preste atenção na pausa de mínima!

Faixa 14

CAPÍTULO **19**

Pentagrama

Nessa altura você já deve ter percebido que duas linhas podem ser muito pouco para escrevermos as melodias.

Houve um tempo que até decagramas (10 linhas) foram utilizadas, mas era muito difícil de contar.

Na escrita musical como a conhecemos hoje ficou definido que o pentagrama (5 linhas) é a melhor opção.

Vamos conhecer melhor o pentagrama!

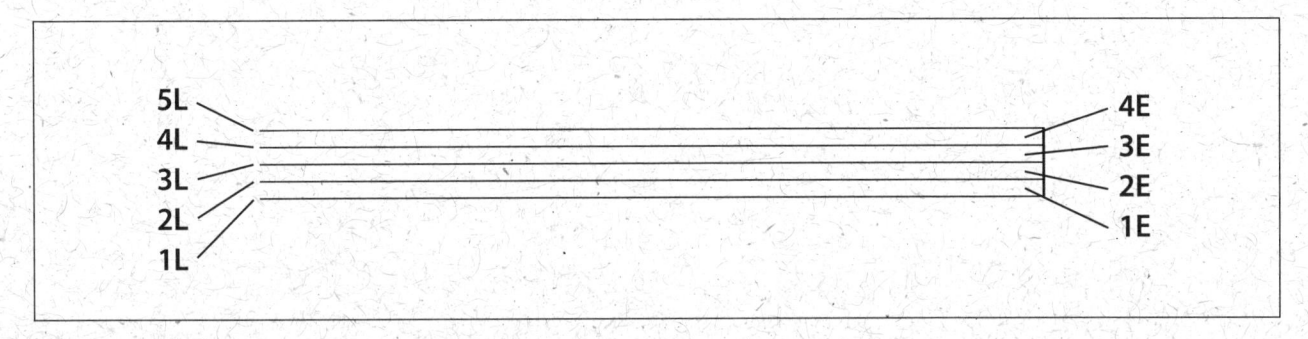

O pentagrama tem 5 linhas, que devemos contar de baixo para cima.

Tem 5 linhas e 4 espaços.

Quando grafamos as notas usando a sequência linha–espaço–linha–espaço estamos escrevendo uma nota vizinha da outra, o que chamamos de graus conjuntos. Por ex:

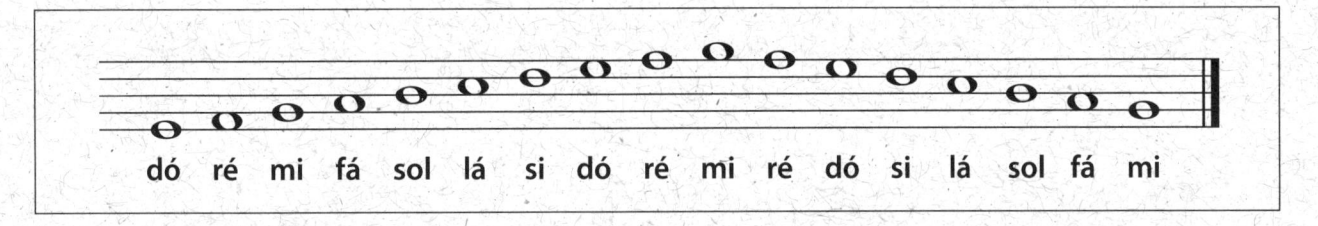

Quando grafamos as notas usando espaços ou linhas entre elas, estamos grafando saltos ou graus disjuntos.

Aprendendo a ler música 41

Agora que você compreendeu como funciona, faça os exercícios abaixo, dando nome às notas do pentagrama de acordo com o nome dado à primeira nota.

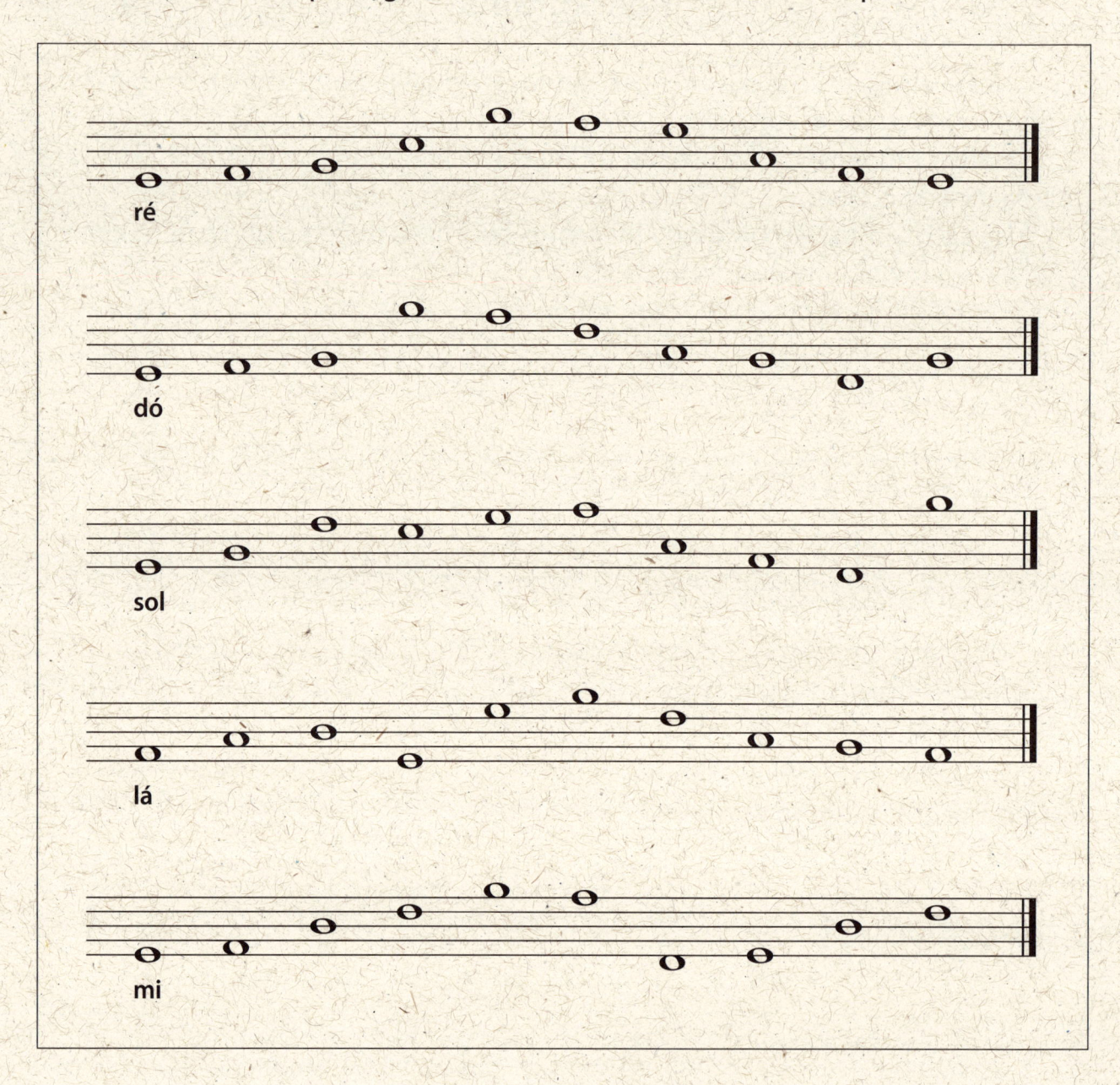

ré

dó

sol

lá

mi

Você conhece a melodia do "Serra, serra, serrador"?
O som curto será a colcheia e o som longo será a semínima dessa vez!

Observe:

Letra: Serra, serra
serrador
Serra o papo
do vovô
Já serrei vinte e quatro
Um, dois, três, quatro...

Você deve ter agora 3 perguntas a fazer:
1º Por que as colcheias estão coladas umas às outras em pares?
2º O que é essa coisa em forma de **G** no inicio do pentagrama?
3º Por que há pauzinhos dividindo a música em 8 partes?

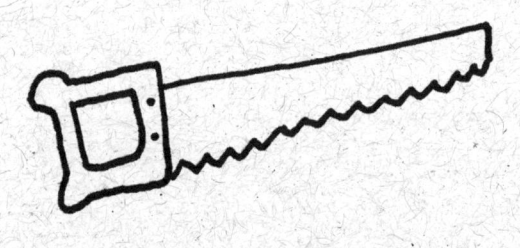

Aprendendo a ler música

CAPÍTULO 20
Vamos falar das notas e claves

Vamos falar das colcheias ligadas em pares!

As figuras rítmicas são compostas por partes, e cada parte tem um nome.

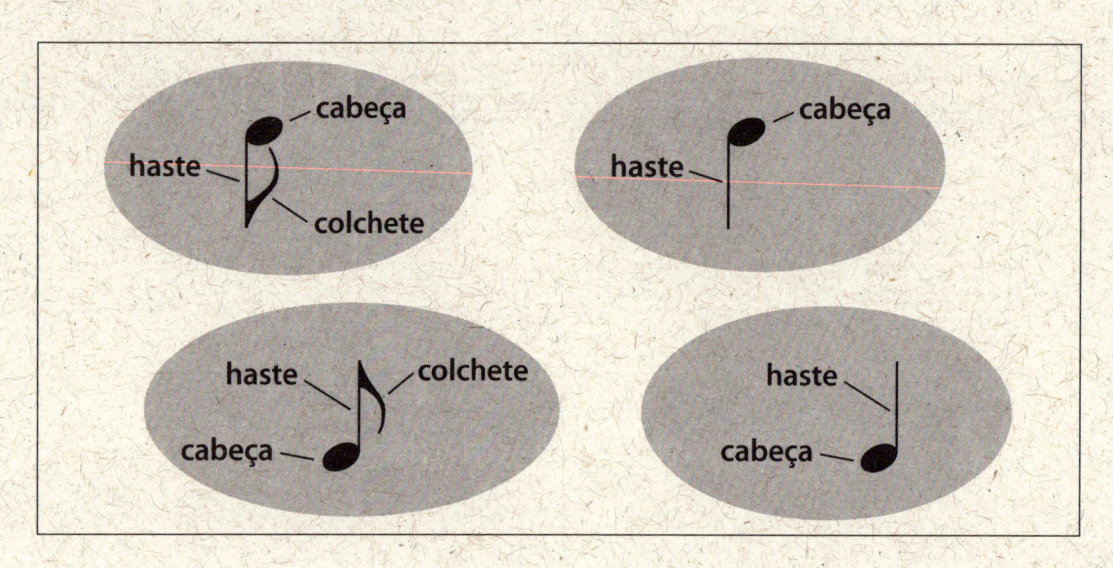

Quando 2 ou mais colcheias aparecem juntas, você poderá unir os colchetes se achar conveniente, da seguinte forma:

• **Importante:** Isso só acontece com figuras como as colcheias e as semicolcheias. Jamais isso será possível com as figuras mais longas do que elas!

Vamos falar desse G no início do pentagrama.

Você tem reparado que até agora colocamos o nome da primeira nota que aparece nas partituras para que você possa identificar as demais.

Isso não é muito prático, pois necessitamos criar padrões que decifrem automaticamente que notas estão no pentagrama.

Para esse fim foram criadas as **claves**.

As claves tem dupla função:

– Explicar quais são as notas no pentagrama.
– Dizer se essas notas devem ser executadas por instrumentos de sons agudos ou mais graves.

Aqui trataremos de 2 tipos de clave apenas:

Clave de Sol e a clave de Fá.

Clave de sol   **Claves de fá**

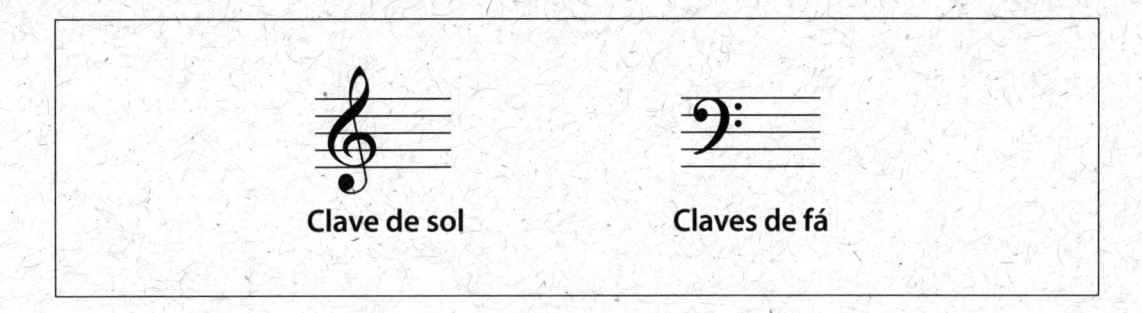

A clave de sol serve para alturas mais agudas e a clave de fá para as alturas mais graves.

A clave de sol define que a nota sol sempre estará na 2ª linha do pentagrama.

A clave de fá define que a nota fá estará na 4ª linha do pentagrama.

Nesse caderno exercitaremos a leitura das músicas na flauta doce apenas na clave de sol.

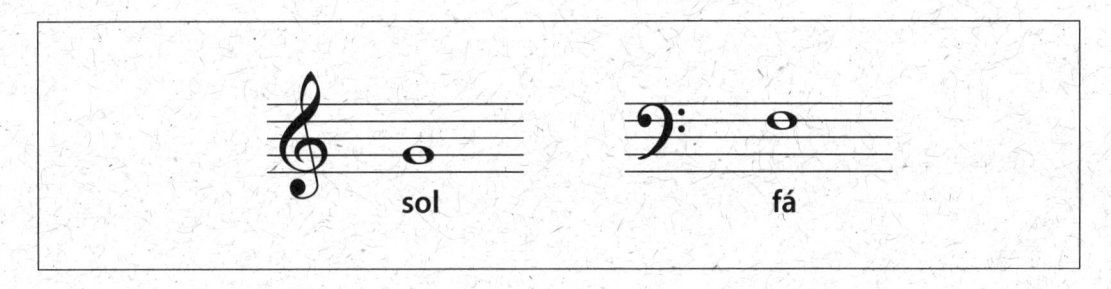

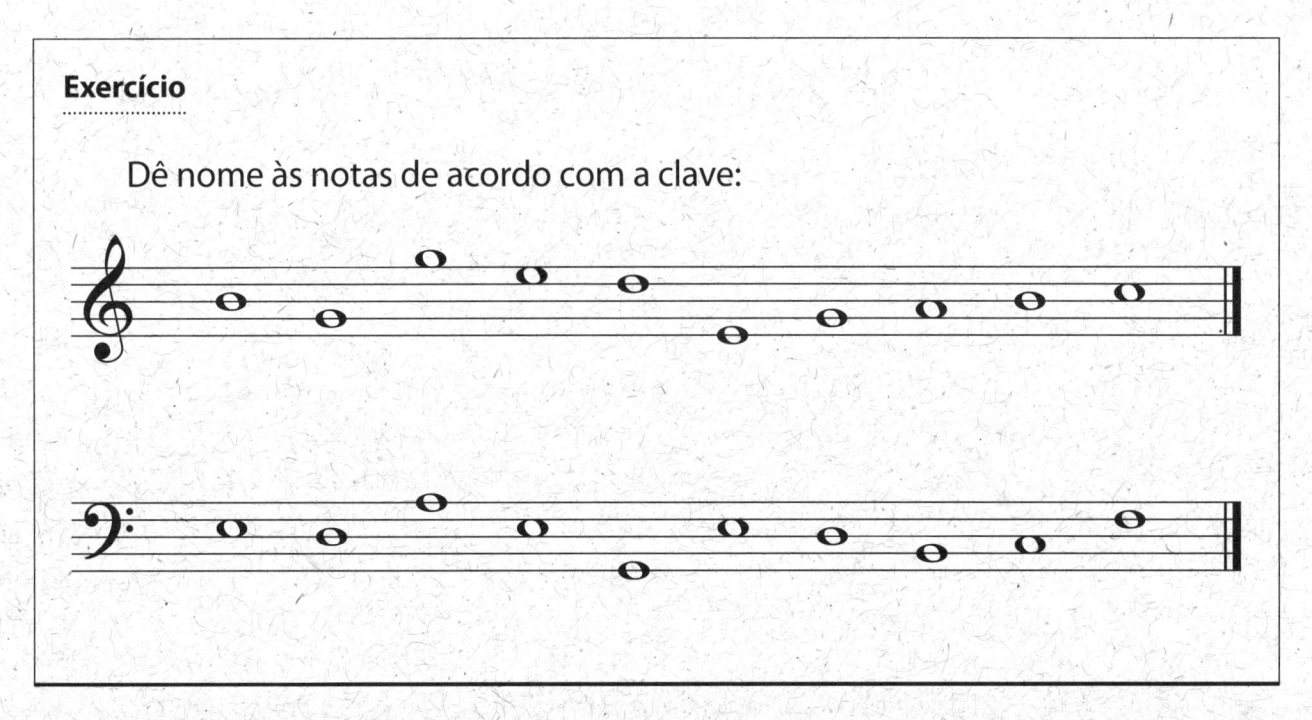

sol   fá

Exercício

Dê nome às notas de acordo com a clave:

Vamos falar dos pauzinhos dividindo a música em 8 partes!

Por enquanto o que você precisa saber é que os pauzinhos se chamam *barra de compasso* e os espaços entre eles se chamam *compasso*.

No exemplo que vimos temos uma música com 8 compassos.

Agora você está pronto para ler e tocar o "Serra, serra, serrador"!
Que tal tocar as músicas que você já conhece grafadas corretamente?

A galinha do vizinho (1)

Faixa 15
Playback 16

Popular

A galinha do vizinho (2)

Faixa 17
Playback 18

Popular

Manoel no céu

Faixa 05
Playback 06

Cristal A. Velloso

Água mole em pedra dura

Faixa 09
Playback 10

Popular

Serra, serra, serrador

Faixa 07
Playback 08

Popular

Os tipos de compasso são representados pelas *fórmulas de compasso*:

$$\frac{2}{2} \qquad \frac{3}{4} \qquad \frac{6}{8}$$

O número de cima representa a **quantidade** de pulsos por compasso.
O número de baixo representa **quem** é o pulso.

Quanto ao número de baixo:
Se você olhar o quadro abaixo entenderá que número representa cada figura:

o (semibreve)	1	O nº 1 representa a Semibreve
♩ (mínima)	2	O nº 2 representa a Mínima
♩ (semínima)	4	O nº 4 representa a Semínima
♫ (colcheia)	8	O nº 8 representa a Colcheia
♬ (semicolcheia)	16	O nº 16 representa a Semicolcheia

Aprendendo a ler música

CAPÍTULO 21
Agora você pode ler e tocar de verdade

Você já toca as notas dó, lá e sol!
Vamos aprender a digitação da nota ré.
A digitação da nota Ré é **2**.

OBS: Mantenha o polegar esquerdo na direção do furo, porém bem perto dele. Não o apoie na flauta, ele deve ficar no ar.

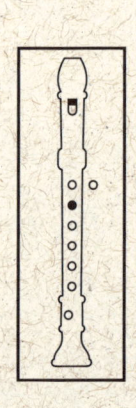

Agora toque os exercícios abaixo:

1. Faixa 19

Lé com lé   cré com cré   um sa-pa-to em ca-da pé

2. Faixa 20

3. Faixa 21

4. Faixa 22

* **Nota:** o sinal 𝄇, chamado *ritornello*, indica que todo o trecho, desde o início, deve ser repetido. A chave com o número um (|1.) significa que este compasso deve ser tocado na primeira vez e o compasso com a indicação de número dois (|2.) deve ser tocado na segunda vez.

CAPÍTULO 22

Pinça: a posição da nota Si

A digitação da nota Si é **01**.

OBS: Preste atenção para não largar a mão direita. Você deve sempre tocar com as duas mãos.

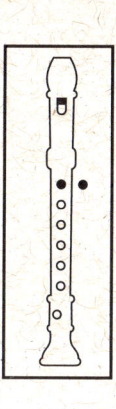

Agora toque os exercícios abaixo.

1. Faixa 23

2. Faixa 24

3. Faixa 25

4. Faixa 26

5. Faixa 27

6. Faixa 28

CAPÍTULO 23
Nota Mi

A digitação da nota Mi é **012345**.

Exercícios

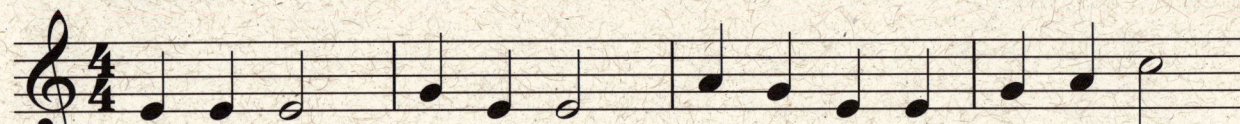

1. 🔊 **Faixa 29**

Mi agudo

A digitação do Mi agudo é **o(ø) 12345**.

A indicação **Ø** significa "meio furo". Dobre a articulação do polegar de forma a deixar o furo de trás fechado pela metade.

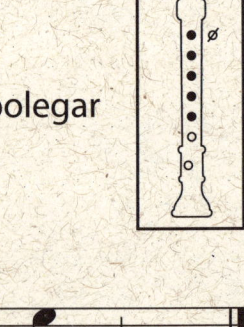

2. 🔊 **Faixa 30**

3. 🔊 **Faixa 31**

CAPÍTULO 24
Agora falaremos dos dedilhados em garfo

Chama-se de garfo porque os dedos ficam em uma posição de forquilha.
A digitação da nota Fá é **0123467**.

Exercícios

1. Faixa 32

2. Faixa 33

Fá agudo

A digitação do Fá agudo é **0(Ø) 12346**.

3. Faixa 34

4. Faixa 35

Aprendendo a ler música

CAPÍTULO 25
Sol agudo

A digitação do Sol agudo é **o(ø) 123**.

Exercícios

1. 🔊 **Faixa 36**

2. 🔊 **Faixa 37**

3. 🔊 **Faixa 38**

Exercício para revisar os conceitos

Ligue as colunas:

Variação de altura	Ritmo
Variação de duração	Timbre
Constante	Intensidade
Velocidade com que o discurso sonoro se desenvolve	Melodia
Fonte sonora (origem)	Andamento
Variação de intensidade	Dinâmica
Ponto final em música	Pulsação
Para repetir	*Ritornello*
No pentagrama representa altura	Grafia de duração
Clave	Dá nome às notas
Figura rítmica	Nota
Forte e fraco	Barra dupla

Aprendendo a ler música 53

Repertório

- 56 Bambalalão
- 56 O trem de ferro
- 56 A primavera
- 57 Borboletinha
- 58 Adeus ao inverno
- 58 Borboletas
- 59 Dança de roda
- 59 Dançando em círculo
- 59 Rigaudon
- 60 Zum, zum, zum
- 60 Canção da floresta
- 61 O cuco
- 61 Mulher rendeira
- 61 Pavana
- 62 Minueto
- 63 Coral "Oh, face ferida!"

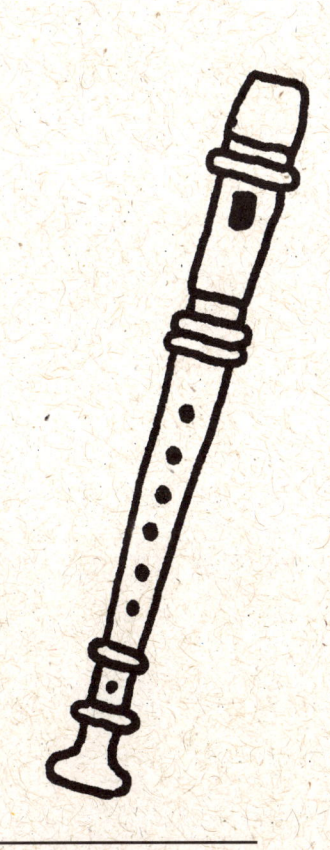

Bambalalão

Faixa 39
Playback 40

Folclore brasileiro

O trem de ferro

Faixa 41
Playback 42

Folclore brasileiro

A primavera

Faixa 43
Playback 44

Anônimo

Borboletinha

Folclore brasileiro

Faixa 45
Playback 46

Adeus ao inverno

Faixa 47
Playback 48

Melodia alemã

Borboletas

Faixa 49
Playback 50

Melodia alemã

Dança de roda

Faixa 51
Playback 52

Joachin von der Hofe

Dançando em círculo

Faixa 53
Playback 54

Melodia francesa

Rigaudon

Faixa 55
Playback 56

Henry Purcell

Aprendendo a ler música

Zum, zum, zum

Faixa 57
Playback 58

Melodia austríaca

Canção da floresta

Faixa 59
Playback 60

Folclore americano

O cuco

Faixa 61
Playback 62

Melodia alemã

Mulher rendeira

Faixa 63
Playback 64

Anônimo

Pavana

Faixa 65
Playback 66

Anônimo

Aprendendo a ler música 61

Minueto

Faixa 67
Playback 68

James Hook

* A digitação da nota
Ré grave é **0123456**.

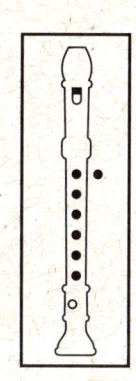

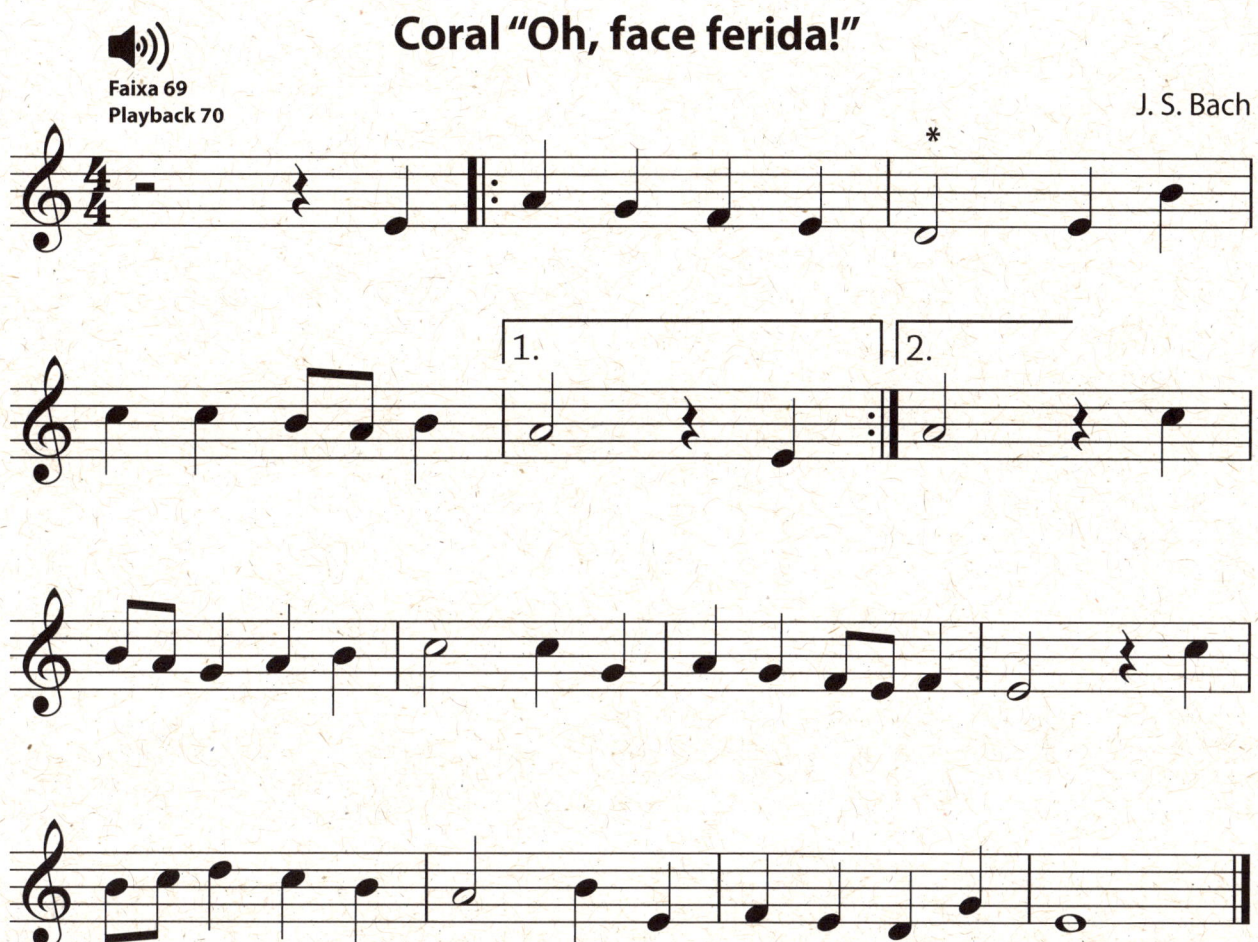

Coral "Oh, face ferida!"

Faixa 69
Playback 70

J. S. Bach

Cristal Angélica Velloso

Iniciou seus estudos de música aos 6 anos na Fundação das Artes de São Caetano do Sul. É bacharel em Composição e Regência pela Universidade Estadual Paulista "Júlio de Mesquita Filho" (UNESP). Especializou-se em musicalização infantil no Instituto Orff de Salzbourg, na Áustria, e na Universidade Dunakanyar Estergon, na Hungria.

Estudou flauta doce com grandes educadores como Nair Romero de Mattos, Bernardo Toledo Pizza e se aperfeiçoou com músicos renomados participando de diversos *masterclasses*.

É também concertista, atuando como flautista, cantora e arranjadora no Quinteto Sopro Novo Yamaha.

Criadora do programa *Sopro Novo – Musicalização Através da Flauta Doce* e do *Programa Sopro Novo Bandas*, atua como Coordenadora Nacional do Programa Sopro Novo.

É autora dos Cadernos de Flauta Doce Sopro Novo Yamaha e responsável pela publicação dos cadernos de saxofone, trompete, trombone e regência do Programa Sopro Novo Bandas.

Assumiu em 2005 a Coordenadoria de Difusão Musical da Yamaha Musical do Brasil e em 2011 passou a integrar também a equipe de estruturação do departamento de Sopros da empresa.